AF278521

DU CHOIX

DES

HOMMES.

CHAPITRE 20ᵉ. ou 30ᵉ. d'un Traité intitulé :

La Politique du Bon Sens.

A PARIS,

Chez **D u f a r t**, Libraire, quai Voltaire, N°. 19.

De l'Imprimerie de Nouzou, rue de Cléry, N°. 9.

1816.

AVANT-PROPOS.

Un écrivain très-inconnu, mais très-ami de son pays, s'est occupé en silence depuis trente ans à tenir registre de toutes les idées fausses qui ont été émises, soutenues, propagées dans les Administrations, dans les Tribunaux et dans les assemblées du peuple. Ce travail l'a conduit à rechercher les vrais principes, et à en faire un traité qu'il a intitulé : *La politique du bon sens*, dont voici un chapitre.

Il était bien inutile de le mettre au jour quand le bon sens était proscrit. Il devient peut-être surabondant aujourd'hui que le bon sens reprend sa place ; mais, comme il n'y a personne qui aime autant les conseils que ceux qui sont en état de s'en passer, c'est pour ceux-là qu'on hasarde ce chapitre, bien plus pour consigner des vérités utiles que pour revenir sur des fautes irréparables.

On pourra peut-être le faire suivre de quelques chapitres encore, mais à de certaines distances, et sans suivre l'ordre des matières ; et si celui-ci est accueilli, on choisira dans l'ouvrage ceux qu'on croira les plus dignes d'attention. On sacrifiera ensuite, sans regret, tous les autres à l'oubli.

L'auteur désire garder l'anonyme. Il sent bien que personne ne dira mot si son ouvrage vaut quelque chose ; s'il ne vaut rien on voudra, selon l'usage, connaître l'auteur pour lui faire pièce ; mais comme son intention est bonne, il en court le risque, dans l'espoir consolant qu'on le laissera avec son *incognito* parmi les gens de *bien* qui craignent le grand jour et le grand bruit.

DU CHOIX

DES

HOMMES.

Mais surtout, d'où dépend le destin des couronnes,
Appliquer sagement les emplois aux personnes.

ROTROU, tragédie de *Venceslas*.

C'EST bien là le conseil le plus instant qu'on puisse donner aux souverains, et en même temps le plus inutile, si la nature ne leur a pas donné du discernement et un caractère. On aura beau leur répéter : « *veillez sur les choix que vous faites, votre sort et celui de vos peuples en dépend*, toujours des rois faibles, ou prévenus, feront de mauvais choix; toujours des peuples insensés, ou engoués, feront de détestables élections; et peuples et rois porteront la peine de leur inattention. De grands exemples viennent de le prouver.

Il n'y a point de règle politique qui puisse arrêter cette décomposition, quand le principe en est dans la mauvaise disposition des individus. C'est bien en vain qu'on dit à des gouvernans : Soyez intelligens, quand ils sont absurdes. Dans ces cas, on court de mauvaises chances, ainsi qu'eux, et l'on s'en tire comme on peut. La masse des bons esprits corrige en sous-œuvre une partie de ces maux, quand l'invasion n'est pas trop forte ; quand elle prédomine, elle entraîne tout, et l'on périt.

D'inimaginables subversions viennent d'établir bien malheureusement cette vérité : et en pareille matière, tout ce qu'on peut faire est d'observer des faits, de citer des exemples, de détruire des idées fausses, sans prétendre établir des principes invariables. Si ces considérations ne donnent pas des yeux, elles peuvent au moins mettre ceux qui en ont, dans le cas de les tenir d'autant plus diligemment ouverts.

Suger, sous Louis le jeune ; Dnguesclin, sous Charles V ; d'Amboise, sous Louis XII ; Sully, sous Henry IV, sont des choix qui, d'époques en époques, relèvent d'une manière brillante l'intérêt de nos annales. Louis XIII n'a fait qu'un seul choix, et y a habilement persisté : il a donné, par là, à Richelieu le temps de mettre dans l'autorité royale une unité qui lui avait manqué jusqu'alors. Ces choix honorent des règnes entiers; et l'on ne sait qui l'emporte en célébrité, des monarques qui ont su les faire, ou des ministres qui en ont été l'objet. La mémoire des hommes les confond dans sa reconnaissance.

Mais Louis XIV est le plus bel exemple que l'histoire puisse offrir d'un heureux gouvernement dû à de bons choix. Ce roi, qui a eu le plus long règne de tous les rois, semble avoir été placé exprès chez nous par la destinée pour y être le type et le modèle d'une administration glorieuse et parfaite, et dont la perfection a été éminemment dans l'excellence des choix.

Plusieurs hommes célèbres ont fait la gloire de ce monarque, comme il a fait leur gloire; et c'est par une heureuse persévérance dans ces excellents choix, que ce règne est devenu l'honneur des rois, de la France et de l'humanité.

Non-seulement Louis XIV savait bien choisir

les hommes ; mais , quand il les avait choisis , il savait les ménager par sa politesse , les encourager par ses grâces , les garantir des traits de l'envie par son appui. Il portait une vue active sur tout ce qui passait devant lui ; et son attention , quoique ferme , était sans minutie et sans inquisition. Il voyait tout ; il savait tout ; il devinait tout , parce qu'il savait observer en homme , sans cesser d'agir en roi. De sorte qu'on peut tirer de belles leçons de ses succès et de ses fautes : de ses succès : en considérant les qualités auxquelles il les devait ; de ses fautes : en reconnaissant que , malgré son habileté , ce grand Prince n'a pu encore se garantir complettement des piéges de l'intrigue.

Et en effet , l'intrigue a une telle action contre une si faible opposition ; elle a tant de moyens , dirigés par des milliers d'individus contre un seul homme , qu'on ne conçoit pas comment cet homme seul , attaqué par tous , peut n'en être pas inévitablement dominé. Mais ce seul homme étant plus puissant que tous les autres , peut , quand il le veut , secouer ses chaînes , s'il se fait des appuis de la probité qu'il appelle à lui sans la trahir ; s'il se

fait des conseils inaperçus en entretenant autour de lui une honnête liberté ; et tout roi
qui ne voit rien , qui ne sait rien , qui ne
trouve rien, est toujours condamnable , parce
qu'il ne peut être arrivé à ce dénuement que
pour s'être laissé isoler et séquestrer. Il y a
toujours des hommes ; mais pour les trouver
il faut savoir les chercher , et encore ne les
cherche - t - on pas en les cherchant , mais en
étendant ses rapports et ses communications
sans avoir l'air de rien chercher. Car , dès
qu'on s'aperçoit qu'un prince cherche , l'intrigue s'empare aussitôt de tous ses points de
mire , et , de quelque côté qu'il se tourne , ne
lui présente en première ligne que ses adeptes;
et ce n'est qu'en dirigeant partout ses regards
qu'il vient à bout de déjouer ces insidieuses
combinaisons.

L'histoire a conservé mille traits qui prou-
vent que Louis XIV portait ses grandes vues
jusque sur les plus petits objets. Il voit de son
palais un de ses gardes dans les jardins se détourner pour battre un chien ; il le mande
pour lui en demander la raison. On sent bien
que, depuis , aucun garde n'aura fait de sotte
malice. Pendant son éducation , malgré ses

gouverneurs, il se tenait debout et découvert devant le grand Condé. Dès ce temps-là il apprenait à sa cour à honorer le mérite. Un jour, étant jeune homme, il lui faut conduire une demoiselle d'un parterre, où la pluie avait surpris la compagnie, dans l'appartement. Le Roi n'hésite pas à reconduire sa dame, chapeau bas, à la pluie. Après cela, qui est-ce qui a osé, à la cour, être incivil? Dans son âge avancé, une compagnie de plaisans s'était avisée de décerner des brevets de calotte à tous les hommes en évidence qui faisaient une faute. Le Roi se faisait présenter par eux la liste exacte des promotions. Il alla jusqu'à leur demander ce qu'ils pensaient de lui. *Sire*, lui répondirent-ils, *nous vous guettons* ; et il fut enchanté.

Boileau a dit sur Louis XIV un beau mot dans ce vers : « *Tout est grand en lui, tout » est roi* ». Et nous, nous pouvons dire peut-être tout aussi bien de ce roi : « Tout est bon » dans lui, tout est homme, et surtout tout » est Français ».

Quand on songe que lui seul a défendu Molière contre les courtisans ridicules ; que lui seul a fait recevoir Boileau à l'académie malgré les Cottin ; que lui seul a soutenu Perrault et Quinaut contre Boileau même qui se trompait : on sentira ce qu'on doit à cette main puissante qui allait chercher le mérite derrière les rangs où les rivalités voulaient le retenir. Sous un autre règne, tous ces génies auraient été étouffés ; ils se seraient peut-être nui eux-mêmes les uns aux autres. Louis XIV était entr'eux ce qu'un excellent roi doit être, la balance de la nation entière.

Indépendamment des qualités actives que Louis XIV possédait à un haut degré, il avait encore plusieurs qualités passives non moins excellentes, telles que la patience, la discrétion, l'indulgence. Il se montra surtout exempt de ces vices si communs à la jalouse supériorité. Il n'était pas de ces maîtres minutieux qui souffrent impatiemment de laisser quelque mérite aux autres, qui s'appliquent à gêner les volontés des sous-ordres dans les moindres détails, et qui ne voient les hommes que sous le rapport de leurs défauts. Il pensait qu'il n'y a que les mauvais maîtres qui ne trouvent point de bons serviteurs. Il savait user des hommes selon leurs moyens ; et loin de rendre les autres petits, son âme élevée imprimait sa grandeur à tout ce qui l'approchait.

Combien de fois Louis XIV, en excusant une faute, a-t-il empêché d'en commettre d'autres ? Combien de fois, en présumant bien de la capacité et des sentimens de ceux qu'il employait, les a-t-il poussés à des talens et à des vertus qu'on n'eût pas obtenues d'eux sans ces nobles encouragemens ?

S'il a éconduit Fénélon quand celui-ci a voulu se mêler de son gouvernement, loin de montrer en cela de la prévention, il a, au contraire, prouvé l'excellence de son discernement qu'une grande réputation ne pouvait éblouir. Fénélon était un très-mauvais publiciste. La partie politique de son Télémaque, sa ville de Salente, ses injures à Idoménée, tout cela est de la plus grande médiocrité. Ce fameux ouvrage n'est immortel que par sa partie morale et poétique. La lettre de Fénélon à Louis XIV, pour lui proposer un mode de gouvernement, n'est qu'un tissu de bévues et d'inconvenances : cette lettre fit justement exiler Fénélon, punition bientôt éludée, puisque Fénélon revint s'insinuer auprès de la reine Maintenon, et qu'il fut jusqu'au bout le coopérateur de cette brigue ténébreuse qui a si fort abaissé la fin de ce règne.

On n'a pas connu le mémoire que Racine proposa à Louis XIV, et qui causa la disgrace mortelle du poëte. Sans doute l'auteur de Britannicus ne pouvait qu'avoir une belle théorie politique, mais la pratique pouvait n'y pas répondre ; il faut avoir été en opération et devant les objets eux-mêmes pour en connaître les rapports ; et il est présumable que Louis XIV a eu également raison de repousser ce mémoire avec humeur quant aux applications ; car il y a loin, en matière de gouvernement, entre ce qu'on devrait faire et ce qu'on peut faire.

Ce n'est pas que ce monarque n'eût les défauts de tous les autres, ou plutôt de tous les hommes ; mais la vigueur morale de son caractère le portait à s'en corriger dès qu'on lui donnait l'heureuse occasion de s'en apercevoir.

Par exemple, tous les jeunes princes ont la propension de n'appeler aux emplois que des jeunes gens. Une naïve répartie corrigea Louis XIV de cette manie qui l'avait d'abord gagné. Ayant demandé à un vieux seigneur ce qu'il pensait de la composition de sa cour. « *Sire*, lui répondit-il, *je pense que j'ai passé* » *ma jeunesse à respecter les vieillards, et* » *que je vais passer ma vieillesse à respecter* » *les jeunes gens.* » Ce mot fut un trait de lumière pour Louis **XIV**, et le pénétra de cette grande vérité politique : que le gouvernement des nations vit des ressources de tous les âges. Il sentit que c'est se priver de ses moyens que d'exclure, soit les jeunes gens pour de certains emplois, soit les vieillards pour de certains autres, soit les habiles de tous les âges pour tous.

Et, en général, rien n'est plus faux et ne conduit plus directement à l'erreur que l'esprit de système dans le choix des hommes. Ne vouloir que des grands, que des petits, que des militaires, que des citadins, que des ecclésiastiques, que des jurisconsultes, que des savans, que des ignorans, que des vieillards, que des jeunes gens, c'est vouloir faire de mauvais choix à coup sûr, et rétrécir un cercle que l'intérêt commun commande évidemment d'agrandir. Le salut des états est partout. Suger était moine ; Sixte Quint était pâtre ; Mensicof, pâtissier ; Condé, prince ;

Catinat, bourgeois ; Sully, seigneur ; Colbert, homme d'affaires ; Cosme de Médicis, marchand. Tous les rangs fournissent des hommes, il ne faut que savoir les mettre en œuvre ; et c'est là une seconde création.

On ne nie pas pour cela qu'il n'y ait des teintes de pays, d'états, d'habitude, mais ces teintes ne mordent que sur les âmes ordinaires. Elles sont les marques certaines d'un esprit médiocre. Un homme supérieur, quelque état qu'il ait exercé, n'est jamais essentiellement né juge, ni prêtre, ni militaire, ni négociant. Il est ce que les circonstances où il se trouve lui commandent d'être. Il sait, dans les petits comme dans les grands emplois, se proportionner à sa position. Et les hommes de génie sont toujours au niveau de leurs places.

Il y a aussi une grande habileté à faire servir à la chose publique les défauts mêmes des hommes ; et Louis XIV nous en montre encore l'ingenieux usage dans l'ambassade de M. de Guilleragues. Le Roi, fatigué de la hauteur avec laquelle le Grand-Seigneur traitait ses ambassadeurs, prit le parti de lui envoyer M. de Guilleragues, doué de la plus froide et de la plus imperturbable fierté.

Ce ministre , habitué à en imposer, et par son maintien , et par ses répliques , et par son silence , soutint d'autant plus facilement son caractère, qu'il lui était identique. Le Grand-Seigneur tenta en vain de l'abaisser ; à la troisième visite, il y renonça ; et le Roi obtint à cette cour la considération qui lui était due.

Si, dans sa vieillesse, ses habitudes avec une femme intrigante l'on mis au-dessous de lui-même, il a encore honoré sa décadence par plusieurs traits qui rappellent son ancienne grandeur. Et dans ces moments extrêmes , son instinct royal le dégageait de ses entraves, pour ne le reporter que sur son peuple, qui était alors son seul ami. En sorte que ses derniers désastres appartiennent bien visible-ment à ses alentours , et ses ressources à ses bons choix. Car lorsqu'il a vu qu'il ne pouvait plus rien trouver à sa cour, il a franchi cette barrière pour en appeller à la France entière. Il s'est encore honoré par ce dernier choix de moyens , et y a trouvé ces ressources qui ont étonné l'univers.

Voila cependant comment une trame for-tement ourdie est venue à bout de dominer dans sa vieillesse le Prince le plus indépendant et le plus impérieux. Et c'est un des plus malheureux exemples de la puissance des intrigues combinées ; dès ce moment, la grandeur du Monarque et la fortune de son peuple ont été en décroissant ; et il n'a pas fallu moins que tout ce qu'il avait auparavant accumulé de gloire sur son règne , pour triompher , dans la mémoire , de l'opprobre de cette fin.

Si Louis XIV nous montre comment on augmente la fortune et la gloire d'un Empire par de bons choix , ses successeurs nous montrent immédiatement comment on perd un Empire par de mauvais ; et ce double exemple , que l'histoire moderne nous fournit dans un si grand rapprochement , est une des plus utiles leçons qu'elle puisse offrir à la politique. Des faits recents , des acteurs contemporains , des conséquences qui nous atteignent, tout nous invite à mettre cette leçon frappante dans tout son développement , pour que nos malheurs servent au moins à nous instruire.

Bientôt , par un de ces balancemens qui n'arrivent que dans nos monarchies modérées , tout changea de face en un instant , par la mort de ce Prince. Les hypocrites furent chassés par les libertins. Un vice nous débarrassa d'un vice, et ce changement de scène n'eut lieu qu'à la cour. La masse de la nation ne se laissa entraîner ni à l'un ni à l'autre exemple. Les secours arrivèrent successivement, avant que les maux fussent invétérés. Le Parlement se montra ; le Régent parut, et la France respira.

Nous ne nous arrêterons pas sur le gouvernement du duc d'Orléans, qui a succédé immédiatement à Louis XIV, parce que les grandes fautes et les choix détestables de ce Régent ont été compensés par les ressources que lui inspirèrent l'amour de la patrie et les idées généreuses dont il était rempli. C'est à Louis XV qu'a commencé le système des mauvais choix raisonnés, et c'est le cardinal de Fleury qui en a été le fondateur.

Ce premier ministre, si oublié, mérite d'être tiré de l'obscurité et restitué à l'indignation publique, parce qu'il ne s'est pas contenté de faire de mauvais choix, mais qu'il en a établi la pratique en système . Il a mis la médiocrité en principe, l'intrigue en action, la nullité en recommandation. Dénué de mérite, il a employé tous ses soins à éloigner le mérite. A un règne distingué par l'amour des talens et par le triomphe des vertus, il en a fait succéder un remarquable par l'aversion pour les talens, par l'abandon du mérite, par le triomphe exclusif de la médiocrité. Et quand il a eu mis toutes les places entre les mains des hommes médiocres, il a encore laissé en mourant à Louis XV, comme principe de religion, de ne jamais écouter son propre sens, mais de suivre toujours l'avis de ses conseils dans toutes ses dispositions, quelque déraisonnable qu'il lui parut; et cela, pour mettre à couvert la responsabilité de sa conscience. De là, les mots bizarres de Louis XV, qui étonnent encore quand on les cite : *mes ministres ont pris le mauvais parti; je le leur ai dit; mais ils l'ont voulu; vous verrez qu'ils s'en repentiront.* Et cet autre : *si j'étais lieutenant de police à Paris, combien je défendrais de choses!* Et ce mot plus inconséquent encore, sur un ministre qu'il tenait en exil : *si j'avais gardé Choiseul, je n'aurais pas perdu mes Colonies, et l'on n'eût pas partagé la Pologne.* C'est ainsi qu'on ne prenait de la monarchie que ce qui convenait à l'intrigue, c'est à savoir l'envahissement des places , et qu'on en ôtait ce qui fait la ressource des peuples , qui est la suprématie du bon sens du monarque éclairé par son intérêt.

C'est encore Louis XIV qui a établi les règles qui doivent déterminer un roi dans ces cas embarrassants. Ce monarque pensait que quand son conseil ne lui donnait pas des raisons suffisantes pour le décider, ce n'était plus que son propre sens qu'il devait suivre , après avoir bien consulté l'intérêt de ses sujets, l'honneur de sa couroune et sa conscience. Il pensait que c'était là un des attribus de la royauté , une des ressources des états monarchiques. Ce système peut avoir aussi ses inconvénients ; mais il n'y a point d'institution parfaite , et l'on ne se prive pas des avantages assurés d'une chose , pour en éviter les inconvéniens incertains. Louis XIV était tellement convaincu de cette utile et grande vérité , qu'il l'a consignée expressément dans ses mémoires pour la règle de ses successeurs.

Mais Louis XV n'a seulement pas su que son illustre prédécesseur eut laissé des mémoires instructifs. Louis XV , tout bon et tout intelligent qu'il était , ne s'est jamais occupé que de ce qui était devant lui. Et rien n'a pu empêcher les brigues de se multiplier sous un prince si peu studieux, si peu attentif aux détails, et qui n'avait vraiment dans l'esprit ni passé, ni avenir.

Dès lors, tous les aspirants se sont tournés à l'intrigue. Il n'a plus été question en France d'avoir des talens, des vertus, du zele ; il n'a plus fallu que des apparences, des à-peu-près, et des patrons. Quand un mérite menaçait de se montrer, cette chaîne intéressée de médiocres se resserrait pour lui boucher les passages. On mettait une habileté combinée à l'user, s'il était modeste ; ou on l'écrasait de persécutions, s'il était hardi.

Cette invasion de la mediocrité, établie en fait, établie en droit, établie en système sous Fleury, a couvert la France d'intrigues. Et l'intrigue amenant, propageant, prolongeant l'intrigue, en a infesté, de proche en proche, tous les ordres de l'état, la nation entière. L'intrigue en a vicié les mouvemens politiques, militaires, commerciaux, littéraires, religieux, jurisprudentiels. Les crises de la révolution même, dont la violence semblait devoir être supérieure à des combinaisons si bassement vicieuses , ont été dominées par cet agent désorganisateur; et c'est par cette ténacité de l'intrigue que les malices les plus viles ont marché de front avec les crimes les plus atroces.

Cependant ces malheurs ne sont point arrivés tout à coup , et les mauvais choix de l'intrigue , qui ont duré soixante ans , n'ont contribué à notre défection que graduellement. Si l'invasion du mal a commencé au premier ministre Fleury , elle a été en s'accroissant pendant tout le règne de Louis XV , et son explosion n'a eu lieu que sous Louis XVI , où elle a surtout été déterminée par les incuries du premier ministre Maurepas.

C'est en vain que pendant cet intervalle fatal , de grands ministres ont paru un moment sur l'horizon politique ; toutes les intrigues , réunies contre eux , les ont bientôt écartés sans retour. Les Choiseul, les Trudaine , les Turgot , les Malesherbe ont en vain opposé aux cabales , leurs talens , leurs vertus , leurs noms et leur célébrité. Il a fallu succomber. Et la nuée des intrigans qui les proscrivaient , criait encore , de tous côtés , que nous manquions d'hommes.

Mais, Maurepas, en appellant à la cour tous les chefs de file des intrigues, dans le moment même où il fallait le plus les contenir et les éloigner, a précipité les désastres ; et dans la destruction générale, il a encore donné au monde le spectacle, aussi déplacé qu'inoui, d'un mauvais bouffon occupé à rire sur un vaisseau qui naufrageait.

Ce ministre imprudent, non-seulement a fait le mal, mais il a aussi osé établir des principes pour le propager. Ses adages circulent encore dans les administrations, où il importe d'en faire justice.

Par exemple, quand on lui représentait qu'un homme était trop sot et trop ignorant pour remplir une place qu'il voulait lui donner. *Eh !* répondait-il, *qui est-ce qui n'est pas sot, qui est-ce qui n'est pas ignorant ? Celui-ci,* ajoutait-il, *ira avec les autres.* Comme s'il était indifférent d'ajouter encore au fléau de la sottise et de l'ignorance qu'il reconnaissait exister parmi les gens en place ; comme si on résolvait des difficultés aussi sérieuses par des réponses caustiques.

Lui demandait-on ce qui allait arriver de quelque grand changement qu'il préparait ?

Tout le monde sera mécontent, répondait-il, *et tout ira bien*. Or, une pareille réponse est la plus lourde des bévues ou la plus sublime des conceptions, et elle ne pouvait être dans Maurepas qu'une déplorable bévue dont le mécontentement général l'avertissait assez. Il n'appartient qu'au génie de la vertu d'affronter le mécontentement général du moment pour faire le bien général à venir ; et la vertu ne dit pas d'avance son secret, elle se détermine avec discrétion ; elle ne se révèle que par les faits, et les faits de Maurepas n'ont révélé que des malheurs.

Lui objectait-on l'utilité de quelqu'un qu'il était décidé à sacrifier, il répondait que *s'il était mort il faudrait bien savoir se passer de lui*. Raisonnement affreux avec lequel on eût pu éloigner Duguesclin, Turenne et Condé ; raisonnement destructeur, arme la plus funeste qu'on ait jamais pu mettre dans la main de l'intrigue. D'abord, le fond de cette pensée appartient à S^t.-Bernard, et Maurepas n'a fait que la détourner de son sens primitif. Saint-Bernard l'a appliquée à la perte des gens de mérite pour ne pas éloigner ceux qui sont appelés à leur succéder. Saint-Bernard disait, dans cette vue, que tout homme pouvait être remplacé. Or, l'application de ce principe, pour exciter à remplacer les hommes de mérite, est édifiante, et son application pour inviter à déplacer ceux qu'on possède est mortelle : l'une tend à réparer en encourageant ; l'autre tend à ajouter aux pertes nécessaires de la nature, les coups bien plus diligens de l'envie et de la malignité.

C'est ainsi qu'en prêchant et en pratiquant la doctrine politique la plus erronée, Maurepas a mis le comble aux désastres de l'intrigue. Il a facilité la crise en donnant à l'intrigue le caractère de la franchise, et en osant la faire marcher le front levé ; ce qui a poussé les progrès de l'intrigue à l'extrême, et a fait refluer le mal sur lui-même. Et voici comment s'est opéré ce dénouement que tout le monde a vu et que personne, peut-être, n'a considéré avec assez d'attention.

Nous avons fait observer que l'intrigue, compagne inséparable de la médiocrité, s'appliquait à éconduire le mérite modeste en l'usant, et qu'on prenait le parti d'écraser de vive force le mérite hardi. En anéantissant le mérite modeste et vertueux, on ne faisait que priver la France de ses ressources, et prolonger sa langueur sans la détruire ; mais en voulant toujours écraser le mérite audacieux, on ne voyait pas qu'on exposait la France à une subversion, qui serait venue d'un côté ou de l'autre infailliblement ; et c'est ce qui a été réalisé dans la personne de Mirabeau.

Cet intrigant de génie a bientôt battu en ruine tous les intrigans de pratique. Il a observé que ceux-ci ne tiraient leurs moyens d'écraser leurs victimes que dans l'autorité de la cour ; il s'est dès lors appliqué à établir une autorité contraire dans la masse de la nation, qu'on désobligeait depuis long-temps ; et à l'abri de ce rempart il a combattu avec supériorité des hommes étonnés de ce nouveau moyen. Au lieu de le désarmer, en cédant sur les points raisonnables et en lui accordant ses avantages, on a voulu continuer la résistance, et il a tout bouleversé.

On voit que cet intrigant infiniment adroit, souverainement intrépide, et vraiment supérieur, n'a pas pu d'abord anéantir l'intrigue qui le refoulait : il n'a pu que la diviser en deux parts, dont il a opposé l'une à l'autre dans l'intention de les subjuguer toutes deux ;

mais il a encore succombé lui-même sous l'intrigue avant d'avoir pu en opérer le renversement.

Cependant l'intrigue s'est infiltrée de plus en plus dans la révolution, et y a pris toutes les formes, toujours en parlant de patrie, et toujours en sacrifiant la patrie, la vérité, la raison aux plus viles combinaisons de l'intérêt personnel. Et cela durera jusqu'à ce qu'une intelligence supérieure rende la France à elle-même, en remettant ses élémens purs à leur vraie place par des choix plus dignes d'elle.

Mais, objectera-t-on, il y a toujours eu, et il y aura toujours de l'intrigue dans tous les gouvernemens; sans doute; mais il y en a en petite quantité, comme il y a de la bile dans tous les corps. C'est quand elle surabonde, et qu'elle s'empare de la masse entière du sang, qu'elle devient une grave maladie; et alors, il n'y a plus à balancer, il faut y remédier, et guérir, ou mourir.

Ce n'est pas que le système des changemens et des destitutions ne soit aussi un système destructeur. Malheur aux administrations ennemies d'elles-mêmes qui ne savent ni soutenir, ni conserver leurs agens. L'autorité qui destitue légèrement se fait des ennemis de ceux qu'elle renvoie, et cesse d'avoir ceux qu'elle conserve pour amis. C'est une des premières fautes qu'on a fait faire à Louis XVI, pour le conduire à sa ruine. Il a supprimé dans sa maison civile, dans sa maison militaire, dans ses tribunaux, dans ses administrations. Il s'est entouré de mécontents. Il a mis partout des désespérés en circulation. Comme tout ce qui lui était attaché ne pouvait plus trouver en lui la garantie de sa fortune ni de son honneur, on a contracté des attachemens contraires, et l'autorité n'a plus trouvé d'appui. Triste destin de tout prince qui ne sait pas servir ceux qui le servent, honorer ceux qui l'honorent, défendre ceux qui le défendent.

Mais, dira-t-on, comment purger un état des intrigans qui le désorganisent, des agens surabondants qui le surchargent, sans de vigoureuses et nombreuses suppressions ? On répond que, pour anéantir l'intrigue, il n'est besoin que de très-peu de changements ; il ne faut que briser la chaîne, et chacun, aussitôt, prend un autre chemin. Vingt hommes justes, intelligens et fermes, distribués dans l'administration d'un grand empire, font marcher tout le reste dans la bonne route, sans souffrance ni arrachement.

A l'égard de la raison de l'économie, qui a tant fait supprimer d'agens pour en substituer d'autres qui coûtaient plus cher, l'Église a donné un exemple de sagesse dont les princes feraient bien de profiter. Elle aimait mieux attendre que les suppressions fussent prononcées par la nature que par elle; elle aimait mieux différer une rectification que de donner lieu à ses agrégés de douter de la solidité de ses dons. Elle ne supprimait les bénéfices qu'aux décès des titulaires; et c'est alors seulement qu'elle les faisait tomber en économats. Et dans une immense administration, où il meurt un grand nombre d'agents à tous les instants, cette ressource est plus que suffisante pour rétablir l'économie. Mais laissons là le moyen aisé et souvent funeste des suppressions, qui n'est pas de notre sujet, pour rentrer dans l'art de faire de bons choix, dont nous traitons, et qui est bien plus intéressant et plus utile.

Il est des choix qui, quoique pris dans la chose, ne laissent pas que d'être des choix faux et parconséquent mauvais. Un maître, un professeur d'une science, ne sait souvent pas l'exercer. Ce ne sont jamais ceux qui donnent les leçons qui peuvent les pratiquer à un degré éminent. Mettez un mathématicien ministre, c'est comme si vous mettiez un maître d'armes général ; Barême, le guide des marchands, a fait banqueroute ; rarement un bon professeur de rhétorique est grand poëte ou grand orateur. C'est dans la société qu'on trouve les habiles faiseurs ; et non parmi les maîtres. Les règles commencent les hommes : le monde seul les accomplit. C'est par le monde que se forment les hommes d'état, quand l'instruction les a préparés ; comme c'est le monde qui, après de bonnes études, fait les sages, les écrivains, les artistes, tous ceux que leur profession appelle aux grandes idées et aux suffrages publics. Et le monde est si essentiel, qu'on a vu des hommes du monde aller au grand sans instruction, et jamais des gens instruits aller au grand sans connaissance du monde.

Il est encore essentiel de se prémunir contre le charlatanisme des vertus apparentes et du zèle simulé. Il est des princes qui se laissent prévenir par la constance qu'ils voyent à de certains hommes à passer les jours et les nuits au travail. C'est là souvent une très-fausse indication. Les grands intérêts exigent sans doute quelquefois des veilles, des fatigues, et l'oubli absolu de soi-même ; mais ces sacrifices ne sont nécessaires que rarement. Dans l'usage ordinaire, un bon esprit se revivifie par un utile repos : Alexandre dormait la veille de la bataille. Et l'on doit se défier de ces esprits inquiets, outrés, remuants, toujours en crise, et jamais dans la nature.

Il est d'autres princes nonchalans qui n'aiment à voir autour d'eux que les jeux, l'amusement, et le repos. Il y en a qui vont jusqu'à penser que le travail, dans les places, doit être inverse de leur élévation, et diminuer à mesure qu'elles sont plus importantes, en sorte que chaque supérieur ait moins à faire que son inférieur, et qu'un roi, qui est le supérieur de tous, n'ait rien à faire du tout ; idée bizarre et souverainement fausse qui ne tendrait à rien moins qu'à conduire un état, par l'apathie, à la destruction. Tout homme a, dans ses facultés, une puissance de travail qu'il doit toute entière, et dans toutes les conditions, à la société. Quand il a donné ce qu'il a de cette puissance à ses emplois , il est acquitté de ses devoirs ; et tous les fonctionnaires publics en sont tenus, depuis le dernier jusqu'au monarque , qui en est le premier et qui en doit l'exemple. Aussi tous ces princes , chasseurs continuels , qui connaissent mieux les routes de leurs forêts que les rues de leurs capitales , ces princes , qui jouent souvent leurs états et leurs personnes , en croyant n'en jouer que des images dans des échecs et des cartons , sont remarquables par leurs désastres. Les rois, qui sont des hommes , doivent sans doute consacrer , par leurs exemples , les honnêtes délassements ; mais il faut aussi qu'ils consacrent, par leurs exemples, la nécessité d'un louable travail et d'une estimable application.

Un ministre, qui tient une grande place dans notre histoire sans trop la mériter , Mazarin , ne demandait pas si un homme était propre à un emploi, il demandait s'il était heureux ; autre idée encore souverainement fausse , et toutefois trop commune et trop répandue, parce qu'elle est du nombre de celles qui rient à l'esprit , flattent la paresse et dispensent de discernement. Les gens heureux ,

qu'on le remarque bien , ne le sont presque
jamais qu'aux dépens de ceux qui les em-
ployent , et des choses auxquelles on les
applique. Ils se tirent bien de toutes les affaires;
mais ceux pour qui sont les affaires s'en tirent
toujours mal. Loin de se livrer à ce système
funeste aux états , des princes intelligents
n'abandonnent rien au sort dans ce qui sert à
les régir. Ils ne font attention au bonheur que
pour s'en défier , et n'admettent jamais dans la
chose publique que ces hommes consommés
qui savent, dans tous les cas , maîtriser la
fortune par la force de leurs moyens. Le
bonheur se conquiert par l'habileté , ou ce
n'est qu'une illusion dangereuse. Un homme
d'état ne croit ni au bonheur ni au malheur,
il ne croit qu'à la conduite et au savoir.

Enfin , il y a des hypocrites de zèle , d'honneur , de philosophie , comme il y a des hypocrites de tous les sentimens en estime. Les
Princes ont un grand intérêt à les discerner.
C'est à la puissance éclairée qu'il appartient
d'écarter les jongleries , de renverser les tré-
teaux , de faire tomber les marques , et c'est-là
le partage de l'intelligence,

Mais nous avons encore la grande , l'inépuisable ressource de la Providence. La providence est le premier ministre de la France, disait un fameux pape étonné de voir cet état fleurir malgré les fautes de ses administrations. Nous devons tout à la providence, sans doute ; et notre premier devoir est de le reconnaître ; mais, c'est une étude curieuse à faire que celle des causes secondes par lesquelles cette providence agit pour nous. C'est par le sens qu'elle a départi au gros de la nation, qu'elle renverse les entreprises les plus insensées. C'est par la liberté d'esprit qu'elle lui conserve, qu'elle fait percer la vérité au travers des conseils les plus imprudents ; c'est par l'aptitude qu'elle lui donne à trouver de nouveaux expédiens, qu'elle fait tourner à son utilité les projets les plus téméraires. Ce don de la Providence, ce sens national, fait échouer infailliblement tout ce qui est contraire à la prospérité de l'état, et réussir par mille moyens contraires et divers tout ce qui est à son avantage. Tantôt, ce sont des ministres sages qui font impérieusement le bien, comme Colbert et Sully ; tantôt, ce sont des sous-ordres qui l'entretiennent malgré l'incapacité des ministres, comme les commis sous Louis XV; tantôt, c'est une répartie heureuse qui fait tout retourner, parce qu'elle se trouve exprimer énergiquement ce que pense toute la nation, comme celles du duc d'Ayen; tantôt ce sont des écrits distingués dont la vigueur et la clarté confondent partout l'erreur et les préventions, comme ceux de Galiani; tantôt enfin, c'est la désuétude, la sainte et secourable désuétude qui, amenée par le défaut d'exécution, entraîne tout ce qui est contraire à nos mœurs et au droit des gens. Et c'est ainsi que la Providence nous soutient; elle nous aide, quand nous nous aidons. Et c'est dans ce sens qu'on peut dire que le premier ministre de la France est la Providence; parce que la Providence accorde, permet, ordonne que le premier ministre de la France soit la France.

FIN.

www.ingramcontent.com/pod-product-compliance
Lightning Source LLC
Chambersburg PA
CBHW050015070726
47598CB00014B/1452